AF357266

NOTICE

SUR

M. ÉTIENNE QUATREMÈRE,

PAR

M. BARTHÉLEMY SAINT-HILAIRE.

PARIS.

IMPRIMERIE IMPÉRIALE.

—

M DCCC LXI.

1861

EXTRAIT DU JOURNAL DES SAVANTS.

(CAHIER DE NOVEMBRE 1857).

NOUVEAU TIRAGE, AVRIL 1861.

NOTICE

SUR

M. ÉTIENNE QUATREMÈRE.

La carrière scientifique que nous avons l'intention de retracer ici sommairement est une des plus laborieuses que personne ait jamais fournies. M. Quatremère ne se recommande point par ces découvertes éclatantes qui signalent tout à coup un nom à la gloire; mais soixante années d'une application infatigable ont produit les plus solides et les plus nombreux résultats. Fort versé dans les langues, pour lesquelles il avait une aptitude extraordinaire, et surtout dans les langues sémitiques, M. Quatremère s'est moins occupé de philologie que d'histoire et de géographie; mais, dans la géographie et l'histoire des peuples sémitiques et des peuples musulmans, il a mis en lumière une multitude de faits ignorés ou mal connus jusqu'à lui. Imbu des méthodes du dernier siècle, et peu porté par son caractère aux innovations, il a représenté parmi nous la tradition plutôt que le progrès. Les études de grammaire comparée et de linguistique générale, qui feront tant d'honneur à notre temps, n'ont eu pour lui aucune séduction; il n'est pas même sûr qu'il les approuvât; mais, dans le domaine où il s'est renfermé, avec une réserve peut-être excessive, M. Quatremère a été presque sans égal, et sa physionomie restera une des plus graves de nos jours.

M. Étienne-Marc Quatremère, qui a fait partie du *Journal des Savants* pendant près de vingt ans, et de l'Institut pendant plus de quarante, était né à Paris le 12 juillet 1782 [1]. Sa famille, adonnée dès longtemps au commerce des draps, était une des plus honorables de la haute bourgeoisie parisienne. Son aïeul, échevin de la ville, avait été anobli par Louis XV et décoré du cordon de Saint-Michel, avec cette clause très-sage des lettres de noblesse, qu'un de ses fils pourrait toujours, sans déroger, continuer le commerce. Le père de M. Quatremère n'avait pas manqué à ce privilége et à ce devoir. Mais, dans ces fortes et religieuses familles, la culture de l'esprit s'alliait sans peine à l'austérité de la discipline morale et au labeur régulier des affaires. La famille des Quatremère put compter, pendant d'assez longues années, trois de ses membres à la fois dans l'Institut de France : les deux frères, Quatremère-Disjonval et Quatremère de Quincy, et leur cousin, M. Étienne Quatremère. Un autre parent, Quatremère de Roissy, voué à des études plus faciles, s'était fait une réputation dans la littérature légère. Les femmes n'étaient pas moins distinguées que les hommes; et l'aïeule de M. Quatremère, Anne Bourjot, avait mérité par ses vertus qu'un bénédictin, D. Labat, éditeur des *Conciles de France,* nous conservât le souvenir de sa vie pieuse et charitable.

C'est au milieu de ces féconds exemples que M. Quatremère fut élevé. Sa mère, aussi instruite que belle, savait le latin, et put faire en partie l'éducation classique de son fils. Son père avait pour intime ami M. d'Ansse de Villoison. L'enfant répondit aux soins éclairés et tendres dont il était l'objet. Doué d'une mémoire prodigieuse, qui se manifesta de très-bonne heure et qui ne l'a jamais quitté, il savait lire, dit-on, à

---

[1] Dans une vieille maison de la rue Saint-Denis, n° 45, où la famille entière résida pendant plusieurs générations, et que M. Quatremère ne quitta lui-même qu'en 1820, pour aller habiter dans l'île Saint-Louis.

trois ans; et, à cinq ans, il avait déjà beaucoup lu. Entré successivement dans la pension de M. Cimetière et chez M. Gravier, il terminait son cours d'études à quatorze ans, au milieu des plus affreuses traverses qui pussent l'atteindre à cet âge. Son père, que des opinions libérales et la plus grande générosité envers les malheureux avaient signalé un des premiers, parmi les officiers municipaux, au choix des électeurs de 1789, était traduit, en 1794, au tribunal révolutionnaire, et exécuté, le 21 janvier, un an jour pour jour, après l'infortuné monarque. Le jeune Étienne était assez avancé déjà pour comprendre la sentence, prononcée avec une atroce dérision des juges, et au milieu des cris désespérés de quelques pauvres gens réclamant leur protecteur contre les bourreaux[1]. L'impression sur cette jeune âme fut aussi profonde que terrible, et il est à croire qu'elle ne s'est jamais effacée.

Madame Quatremère, restée veuve, ne perdit point courage après cette effroyable séparation. Privée de tous ses biens comme ci-devant noble, obligée de fuir et de se cacher chez des paysans qui lui étaient dévoués, elle put reparaître dès que la sanglante tourmente fut passée; et elle s'occupa, avec une fermeté virile, à refaire une fortune détruite, pour soutenir la famille dont elle restait chargée. Avec le secours de quelques amis, elle put rétablir le commerce héréditaire, tandis que l'honnête M. Gravier continuait ses leçons gratuites au studieux élève. qui donnait déjà de très-grandes espérances. Après avoir terminé ses classes, M. Quatremère se livra d'abord à l'étude des sciences, botanique, minéralogie, mathématiques, etc. et il songea quelque temps peut-être à l'École polytechnique, récemment créée. Mais bientôt sa vocation véritable pour les langues se déclara; et il apprit rapidement et presque seul toutes celles qu'il a plus tard si bien possédées, à commencer par l'hébreu. Il suivait alors au Collége de France le cours d'arabe du vénérable M. Silvestre de Sacy, et le cours de poésie latine de

---

[1] Le président déclara que « Quatremère, dans sa charité pour les pauvres, n'avait « eu en vue que son Dieu et non les sans-culottes, et qu'il méritait la mort pour « avoir humilié le peuple par ses bienfaits. »

2

M. Dupuis, l'auteur de l'*Origine de tous les cultes*, qui, bien que très-éloigné des croyances religieuses de son jeune auditeur, évitait avec une déférence bienveillante tout ce qui aurait pu les froisser.

Employé durant quelque temps au département des manuscrits de la Bibliothèque impériale, M. Quatremère abandonnait ces fonctions pour devenir professeur de langue et de littérature grecque à la faculté des lettres de Rouen. Puis il rentrait à Paris vers 1811, pour ne plus le quitter du reste de sa vie. En 1815, déjà connu par plusieurs ouvrages remarquables, il était élu à l'Académie des inscriptions et belles-lettres, où il remplaçait La Porte du Theil; en 1819, il était nommé professeur au Collége de France pour la chaire d'hébreu, de syriaque et de chaldéen; en 1832, il succédait à M. de Chézy dans la chaire de persan près l'École des langues orientales vivantes; et, quand M. Silvestre de Sacy, longtemps son maître et son patron, nous fut enlevé, en 1838, M. Quatremère lui succéda au *Journal des Savants*.

Voilà toute la vie de M. Quatremère : frappée d'abord des plus douloureuses catastrophes, puis ensuite tranquille et calme jusqu'à la fin, toujours excessivement laborieuse, et adoucie, pendant près d'un demi-siècle, par l'affection de la mère éminente à laquelle il devait tant. Nous en venons maintenant aux travaux qui ont fait sa renommée, et qui le classeront parmi les orientalistes les plus savants de notre siècle.

M. Quatremère débuta, en 1808, par un ouvrage intitulé : *Recherches critiques et historiques sur la langue et la littérature de l'Égypte*. Ce volume, imprimé aux frais de l'État, paraissait sous les auspices de M. Silvestre de Sacy, à qui il était dédié, et de M. Langlès, qui avait aidé l'auteur de ses encouragements. Peut-être l'éclat de l'expédition française en Égypte avait-il dirigé le choix de ce sujet; et, dans ce cas, ce serait sans doute l'unique concession que M. Quatremère ait jamais faite à la mode et à l'opinion. Mais il est plus probable que c'était le cours de ses études, dès longtemps poursuivies, qui l'amenait à ce travail, répondant, par un hasard heureux, à quelques-unes des préoccu-

pations scientifiques du moment. M. Quatremère démontra avec une
érudition étendue et sûre ce qu'avaient entrevu Renaudot[1], Jablonski
et l'abbé Barthélemy, à savoir l'identité de la langue copte, telle qu'elle
nous a été conservée dans de nombreux manuscrits, avec l'ancienne
langue de l'Égypte sous ses rois indigènes, les Pharaons. Le copte
avait reçu beaucoup de mots grecs depuis la conquête d'Alexandre; au
iiie siècle de notre ère, il avait même adopté l'alphabet grec, en le mo-
difiant très-légèrement à son usage; et, vers le xe siècle, il s'était à peu
près éteint tout à fait, ne subsistant plus guère qu'à l'état de langue
savante et cédant la place à l'arabe. Mais, au fond, c'était la langue
qu'avait parlée l'Égypte à l'époque de son indépendance et de sa gloire.

Dans ce premier ouvrage, M. Quatremère, qui était alors âgé de
vingt-six ans tout au plus, a déjà tous ses mérites, et, il faut ajouter aussi
pour être juste, ses défauts. Il sait dès cette époque toutes les langues
sémitiques, qu'il cite et qu'il lit avec une égale facilité. Mais le livre, qui
atteste une immense lecture, n'est pas d'une composition très-régu-
lière, quoique l'auteur l'ait refait à deux fois; et les détails, d'ailleurs
fort curieux, qu'il donne, sont un peu confus.

En 1811, M. Quatremère complétait cette étude par deux volumes
de Mémoires géographiques et historiques, recueillis et extraits des manuscrits coptes et arabes de la Bibliothèque impériale[2]. En 1812, il
ajoutait, comme supplément, des *Observations sur quelques points de la
géographie de l'Égypte*[3]; et ce dernier opuscule avait surtout pour objet
de repousser des attaques dont les récents travaux de Champollion le

---

[1] L'abbé Renaudot avait prouvé le premier que le mot même de *copte* n'était
qu'une corruption de la fin du mot grec Αἰγύπτιος.

[2] *Mémoires géographiques et historiques sur l'Égypte et sur quelques contrées voi-
sines*, recueillis et extraits des manuscrits de la Bibliothèque impériale, 2 vol. in-8°,
1811. Cet ouvrage avait été commencé dès 1805. Le premier volume contient une
liste alphabétique des principales villes de l'Égypte; le second est une suite de
mémoires sur divers sujets relatifs à ce pays.

[3] *Observations sur quelques points de la géographie de l'Égypte, pour servir de supplément aux Mémoires géographiques et historiques sur l'Égypte*, 1812, in-8°, 73 pages.

jeune avaient été l'occasion. La tournure d'esprit de M. Quatremère ne
le disposait point à faire lui-même la grande découverte qui vint bientôt
illustrer le nom de Champollion, et nous livrer le secret, si longtemps
cherché, des hiéroglyphes. Aussi M. Quatremère, qui était convaincu que
les hiéroglyphes ne pouvaient pas être phonétiques, ne se rendit jamais;
et ce fut avec la plus entière bonne foi qu'il refusa toujours de croire
à la découverte, même quand elle fut avérée pour tout le monde.

Quoi qu'il en soit, M. Quatremère consacra encore de longs travaux
à l'Égypte; mais ce fut à l'Égypte musulmane qu'il s'attacha plus par-
ticulièrement. C'est ainsi qu'il a publié, pour le Comité des traductions
orientales de Londres, l'*Histoire des sultans mamlouks*, de Makrizi[1], et
qu'il a pensé plus d'une fois à donner la grande *Description de l'Égypte*,
par le même auteur[2]. Il en avait traduit une bonne partie.

Dans les études sémitiques, qui semblaient être pour M. Quatremère
plus spéciales que les études égyptiennes et coptes, il n'a pas laissé d'ouvrage considérable. Mais des articles très-nombreux, qu'il a donnés au
Journal des Savants, témoignent des recherches les plus originales et
les plus variées. En rendant compte des travaux de M. l'abbé Glaire,
de M. Juynboll, de M. Van de Velde, de M. Forster[3], etc. etc. il a ex-
posé, à diverses reprises, le résultat de ses études personnelles sur la cul-

---

[1] *Histoire des sultans mamlouks de l'Égypte,* écrite en arabe par Taki-Eldin-Ahmed
Makrizi, traduite en français et accompagnée de notes philologiques, historiques et
géographiques. Paris, 2 vol. in-4°. Printed for the Oriental Translation Fund of
Great Britain and Ireland. Chaque volume se compose de deux parties, qui ont
successivement paru de 1837 à 1845. M. Quatremère se proposait d'y ajouter un
troisième et dernier volume, qui devait paraître à ses frais (voir le *Journal des
Savants*, juin 1856, p. 324). La préface contient une biographie de Makrizi (1358-
1441 de notre ère). Les deux volumes ne comprennent que l'histoire des sultans
mamlouks, de 1250 à 1309. C'est également pour le Comité des traductions orientales que devait être publiée la *Description de l'Égypte.*

[2] Voir dans le *Journal des Savants*, juin 1855, page 325, l'article de M. Quatremère sur l'édition de la *Description de l'Égypte* de Makrizi, imprimée à Boulak,
près du Caire.

[3] Voir le *Journal des Savants*, articles sur le *Lexicon manuale hebraïcum et chal-
daïcum*, de M. l'abbé Glaire, cahiers d'octobre 1844, d'avril, mai et juillet 1845;

ture de la langue et de la grammaire hébraïques, depuis la Renaissance
et Reuchlin jusqu'à M. Gesenius, et depuis les innovations des Masso-
rètes jusqu'à celles de la philologie allemande de nos jours. Il redou-
tait beaucoup les hardiesses de l'exégèse germanique, parce qu'elles
blessaient souvent ses convictions religieuses, en même temps qu'elles
étonnaient ses habitudes scientifiques. Mais il n'ignorait pas les tenta-
tives de nos voisins, et surtout il ne les dédaignait point. Tout en con-
servant un respect sans bornes pour les livres saints, sa plus chère et sa
plus constante lecture, il interprétait aussi les textes à sa manière, non
sans liberté de jugement, et il donnait le rare exemple de la science
la plus profonde unie à la foi la plus sincère. Il avait fait un mémoire,
resté inédit, sur le Livre de Job[1], dont la composition lui paraissait
beaucoup plus récente qu'on ne le croit d'ordinaire, et qu'il plaçait
sous les rois de Juda, c'est-à-dire huit ou neuf siècles tout au plus avant
l'ère chrétienne [2].

Le cours d'hébreu que M. Quatremère a professé au Collége de
France pendant trente-huit ans, avec la scrupuleuse exactitude qu'il
apportait à tous ses devoirs, a produit quelques élèves distingués. Mais
le professorat, pour être vraiment fécond, exige une ardeur et une pas-
sion de prosélytisme dont la nature n'avait pas doué M. Quatremère. Il
encourageait assez souvent ses plus sérieux disciples en prenant la peine

article sur l'*Introduction historique et critique aux livres de l'Ancien et du Nouveau Tes-
tament*, du même auteur, cahier de décembre 1844; article sur le *Voyage de M. Van
de Velde en Syrie et en Palestine*, cahier de décembre 1854; articles sur le *Chronicon
Samaritanum arabice conscriptum*, publié et traduit par M. Juynboll, cahiers de 1848
et 1849; article sur les *Inscriptions du Sinaï*, de M. Forster, cahier de juillet 1851.

[1] *Journal des Savants*, cahier d'août 1856, p. 490 en note.

[2] On peut citer encore, parmi les études hébraïques de M. Quatremère, un *Mémoire sur Darius le Mède et Balthazar, rois de Babylone* (*Annales de philosophie chrétienne, 1838*); un *Mémoire sur les tombeaux des rois de Juda* (*Revue archéologique*);
un *Mémoire sur Ophir*. Je ne cite point, dans cette catégorie, *Daniel et les douze
petits prophètes*, d'après les manuscrits coptes de la Bibliothèque impériale (*Notices
et extraits des manuscrits de la Bibl. impér.* 1810). M. Quatremère y donne le texte
copte du prophète Zacharie; et ce travail se rattache plutôt aux études sur le copte
qu'aux études sur l'hébreu.

de rendre compte lui-même de leurs travaux, et en leur donnant ses
conseils jusque dans notre journal[1]; mais, pour profiter de ses leçons,
il fallait déjà porter à la science l'amour austère et désintéressé dont il
était lui-même animé. Dans son cours, M. Quatremère s'occupait au
moins autant de questions dogmatiques que de philologie, et plusieurs de ses mémoires peuvent nous donner une assez juste idée de
son enseignement[2].

On peut répéter des études phéniciennes ce qu'on vient de dire des
études sémitiques : M. Quatremère s'en occupa beaucoup sans y laisser
de trace profonde. En jugeant les ouvrages de M. Gesenius, de M. Hitzig, de M. Movers et de M. le duc d'Albert de Luynes, il a fait preuve
des connaissances les plus solides sur l'ancienne histoire des Chananéens,
appelés par les Grecs du nom obscur de Phéniciens, sur leur origine
plus obscure encore, sur les colonies de Tyr, Carthage surtout, sur leurs
expéditions maritimes[3], sur leur gouvernement, leurs institutions, etc.
Mais, dans un domaine où les monuments sont encore si peu nombreux, et où la conjecture doit tenir nécessairement tant de place, le
génie de M. Quatremère ne se sentait point à l'aise; ses travaux propres
s'y sont bornés à des mémoires et à des articles dont quelques-uns sont
aussi des mémoires véritables[4]. Il n'y a rien à attendre de la littérature
du peuple phénicien, si toutefois les marchands de Tyr, de Sidon et
de Carthage, ont jamais eu une littérature. Il faut s'en fier au hasard
pour multiplier les découvertes d'inscriptions, seuls débris de tant d'ac-

---

[1] On peut se rappeler notamment ses articles sur les ouvrages de M. Tornberg,
Journal des Savants, avril 1844, août 1847.

[2] Voir le *Journal des Savants,* cahier de novembre 1856, p. 487 et suivantes,
Observations sur un passage du livre de Josué.

[3] Voir le *Journal des Savants,* article d'octobre 1838 sur l'ouvrage de M. Gesenius, *Scripturæ linguæque Phœniciæ monumenta;* article sur l'*Histoire ancienne
des Philistins,* de M. Hitzig, cahiers de 1846; articles nombreux sur le grand ouvrage de M. Movers, *Die Phœnizier,* cahiers de 1846, 1850, 1852, 1857.

[4] *Mémoires sur quelques inscriptions puniques, Journal asiatique,* janvier 1828;
Mémoire sur le Sarcophage et l'Inscription funéraire d'Esmun-Azar, Journal des Savants,
mai 1856; *Observations sur les Numides, ibid.* juillet 1838.

tivité, de richesse et de gloire. Mais les inscriptions comme celle de Marseille sont encore bien rares; et, ainsi qu'on l'a remarqué, le peuple auquel la tradition rapporte l'invention de l'écriture est un de ceux qui ont le moins écrit.

Dans les études araméennes ou chaldaïques, M. Quatremère a été plus heureux. Son *Mémoire sur les Nabatéens*, publié dans le *Journal asiatique*, fera époque pour ces difficiles recherches. Les Nabatéens, ou le peuple que les auteurs grecs et arabes désignent sous ce nom, tiennent aux plus anciennes origines du monde sémitique et du monde aryen, dont ils forment peut-être le lien et la limite. Établis entre le Tigre et l'Euphrate, ils y ont développé, dans des temps très-reculés, une civilisation qui a son caractère propre, et qui a produit, chose bien curieuse, une foule de monuments littéraires d'un genre tout spécial, dont les noms sont arrivés jusqu'à nous par une tradition incontestable. Un de ces monuments sur l'agriculture, telle qu'on la pratiquait au temps de la splendeur de Babylone et de Ninive, nous a été conservé dans une traduction arabe qui remonte au iiie siècle de l'hégire, c'est-à-dire au ixe siècle de notre ère. Les bibliothèques de l'Europe en gardent plusieurs manuscrits. La nôtre n'en avait qu'un exemplaire incomplet, où se trouvaient deux des neuf livres de l'*Agriculture nabatéenne*. Mais ces deux livres, le second et le troisième, les seuls que M. Quatremère eût alors consultés, étaient bien faits pour exciter la curiosité la plus vive. Ils contenaient, dans trois cents pages in-folio, les renseignements les plus inattendus et les plus inté-ressants : un calendrier agronomique, aussi exact que développé, et une nomenclature précise et savante de toutes les plantes potagères cultivées pour les habitants des grandes villes de l'empire d'Assyrie.

C'est en partant de ce document précieux, dont la bibliothèque de Leyde possède deux exemplaires complets, que M. Quatremère put essayer de reconstruire toute l'histoire des Nabatéens, d'après les té-moignages épars, quoique assez nombreux, des écrivains de l'antiquité. Il démontra que les Nabatéens, chassés de la Mésopotamie au temps de

Nabuchodonosor II, étaient venus s'établir en Arabie, y apportant avec eux les souvenirs et les ressources d'une civilisation qui, comparativement, était beaucoup plus avancée que celle de leurs voisins. Il démontra surtout, avec un grand bonheur de sagacité et de divination, qu'un livre tel que celui de l'*Agriculture nabatéenne* n'avait pu être écrit dans les déserts de l'Arabie, et qu'il répondait à des habitudes et à des besoins qu'on ne pouvait avoir que dans les campagnes de Babylone et de Ninive, fécondées par les procédés les plus habiles de la culture et des irrigations. M. Quatremère faisait donc remonter ce singulier ouvrage au delà de la prise de Babylone par Cyrus, c'est-à-dire au viie siècle avant l'ère chrétienne.

M. Quatremère se proposait de donner une analyse complète de l'*Agriculture nabatéenne*, et peut-être même se fût-il décidé à la traduire; mais, détourné par d'autres travaux, il ne poursuivit pas sa découverte jusqu'au bout, et il a laissé à d'autres mains le soin et peutêtre la gloire de l'achever. M. Chwolsohn, qui vient de publier sur les Sabéens et le Sabisme un excellent ouvrage, dont M. Quatremère a fait l'éloge dans le *Journal des Savants*[1], annonce la publication prochaine de l'*Agriculture nabatéenne*, qu'il fera paraître, comme son premier ouvrage, sous le patronage de l'Académie de Saint-Pétersbourg. M. Chwolsohn, ainsi que l'Allemagne savante, adopte déjà toutes les conjectures de M. Quatremère; et ces conjectures, qui ont pour elles toute la vraisemblance désirable, méritent en effet d'autant plus d'attention, que l'auteur a toujours été très-sobre d'hypothèses, et que sa sévère méthode ne s'est jamais permis le moindre écart[2].

A côté de l'histoire d'Égypte, de Phénicie et de Chaldée, M. Quatre-

[1] Voir le *Journal des Savants*, cahier de mars 1857.

[2] On peut rapporter encore aux études araméennes de M. Quatremère divers articles qu'il a communiqués au *Journal des Savants* sur l'ouvrage de M. Chwolsohn, *Die Ssabier und der Ssabismus*, mars 1857, où M. Quatremère annonce un mémoire inédit de lui relatif à ce même sujet, et sur le voyage de M. Loftus en Chaldée et dans la Susiane (cahiers de mai et d'octobre 1857). M. Quatremère n'avait pas tout à fait corrigé ce dernier article quand la mort l'a frappé.

mère s'est occupé, toute sa vie et avec la constance infatigable qui le distinguait, du monde musulman; et c'est peut-être sur ce sujet que ses travaux ont été les plus vastes et les plus originaux. Déjà ses premiers mémoires sur l'Égypte, au début même de sa carrière, attestaient de longues et savantes investigations; M. Quatremère ne cessa jamais de les poursuivre, et il est à croire qu'aucun orientaliste n'en a su plus que lui sur ces détails inextricables et trop souvent rebutants. Depuis l'Afrique septentrionale et l'Espagne jusqu'à l'Inde, depuis les premiers temps de l'islamisme jusqu'aux temps les plus récents, depuis les chants populaires jusqu'aux documents diplomatiques, M. Quatremère avait tout lu, tout consulté, tout annoté, avec cette sûreté de souvenir à laquelle rien n'échappait[1], et avec une application qui ne se lassait jamais, comme le prouvent la diversité et l'abondance de toutes ses publications. Géographie, histoire, politique, religion, littérature, philologie, grammaire, science, il n'avait rien négligé; et il en a tiré une multitude d'ouvrages, de mémoires, d'articles, qui suffiraient à eux seuls pour fonder la solide réputation de plusieurs savants. L'arabe, le persan, le turc oriental et occidental, l'arménien et plusieurs idiomes aryens, lui étaient également familiers, et il les avait approfondis jusque dans leurs dialectes.

Parmi tant de travaux, je ne citerai que les principaux. A côté de la grande *Histoire des sultans mamlouks d'Égypte*, dont il a été question

---

[1] Je puis citer, d'après le témoignage de M. l'abbé Glaire, une anecdote qui montre jusqu'où allaient l'étonnante mémoire de M. Quatremère et la précision merveilleuse de ses souvenirs. M. Amédée Jaubert, son collègue au Collége de France, vint un jour le consulter sur deux vers turcs qui l'embarrassaient fort. Il en comprenait tous les mots; mais le sens énigmatique et caché lui échappait. Il s'agissait, dans ces vers, de murailles, de moutons, de jeunes gens jouant entre eux, etc. Ce qu'il y avait de plus piquant, c'est que M. Amédée Jaubert, qui avait beaucoup voyagé en Orient, connaissait très-bien le lieu dont il était question dans ces vers. M. Quatremère, qui n'y était jamais allé, lui fit, d'après les auteurs, la description la plus minutieuse des localités, lui raconta la coutume spéciale des habitants à laquelle les vers faisaient une allusion détournée, et lui fournit toutes les explications nécessaires jusque dans les moindres détails. Les témoins de cette conversation étaient confondus d'étonnement.

un peu plus haut, il faut placer l'*Histoire des Mongols de Perse*, dont le premier volume a seul paru. Il fait partie de cette splendide *Collection orientale*, qui, décrétée en 1813, n'a pu recevoir un commencement d'exécution que sous la monarchie de 1830, et qui compte déjà tant de ruines par la mort d'Eugène Burnouf et celle de M. Quatremère[1]. Dès 1811, et au milieu même de ses travaux sur le copte et sur l'Égypte, M. Quatremère avait beaucoup exploré l'histoire des Mongols; et, à vingt-cinq ans de distance, il ne fit qu'employer des matériaux dès longtemps recueillis. Si l'on veut connaître le talent et la manière de M. Quatremère, c'est surtout dans cet ouvrage qu'il faut l'étudier. L'érudition est immense; mais elle porte souvent sur des détails assez minces; et le résultat ne semble pas toujours valoir la peine qu'il a dû coûter. Le choix même du sujet n'est pas très-heureux; et cette histoire de Raschid-Eldin ne mérite peut-être, ni par l'auteur, ni par les personnages, l'honneur de figurer parmi les monuments de la *Collection orientale*. Mais, le sujet étant une fois admis, il était impossible de le traiter avec une science plus étendue et plus exacte; et, pour quiconque voudra connaître cette partie des annales humaines, M. Quatremère est le guide le plus éclairé et le plus infaillible. Il devait aussi fournir à la *Collection orientale* le recueil complet des proverbes de Meidani, dont il a donné des extraits fort intéressants dans le *Journal de la Société asiatique de Paris*.

Après l'*Histoire des Mongols de Perse*, on peut citer plusieurs mémoires importants qui se rattachent plus directement à l'islamisme : par exemple,

---

[1] *Histoire des Mongols de la Perse*, écrite en persan, par Raschid-Eldin, publiée, traduite en français et accompagnée de notes et d'un mémoire sur la vie et les ouvrages de l'auteur, par M. Quatremère. Paris, Imprimerie royale, 1836, in-fol. cxliv-450 pages. M. Quatremère parle de ses travaux sur les Mongols dans la préface de ses *Mémoires géographiques et historiques sur l'Égypte*. Il les cite dès cette époque comme étant terminés. Il est probable qu'il aura fait passer tous ses documents dans les notes si développées et dans les appendices de l'ouvrage de Raschid-Eldin. Quel que soit, du reste, le mérite de l'ouvrage de Raschid-Eldin, la publication de M. Quatremère a provoqué sur cet auteur, notamment en Angleterre, des recherches nouvelles, qui ont eu leur utilité.

sur Abdallah-ben-Zobaïr, neveu de Mahomet, sur les Ommiades, les Abbassides, les Fatimites; et, dans un autre genre, sur les Proverbes de Meidani, que nous venons de rappeler, sur le Kitab-al-Agani, ou recueil de chansons populaires d'Abou'l-Faradj-Ali-ben-Hosaïn, sur le goût des livres chez les Orientaux, sur la vie et les ouvrages de Masoudi, sur la description de l'Afrique, par un auteur arabe, né à Cordoue, sur les Kalmouks, etc. etc. [1].

[1] Pour donner une idée plus précise des labeurs de M. Quatremère en ce genre, je les réunis ici sous quatre ou cinq chefs différents :

1° Géographie. Notice d'un manuscrit arabe de la Bibliothèque du Roi, contenant la description de l'Afrique, 1831, in-4°; articles sur la Géographie d'Édrisi, *Journal des Savants*, avril et août 1842; sur les voyages des Arabes et des Persans au ixᵉ siècle, *ibid.* 1846 et 1847; sur la Géographie d'Abou'lféda, *ibid.* 1840 et 1849; observations sur la ville de Ninive, septembre et octobre 1849 et juin 1850; sur la bibliographie des historiens de l'Inde mahométane, *ibid.* septembre 1850 et janvier 1851; sur le Voyage au Darfour du cheik Mohammed-Ihn-Omar-el-Tounsy, *ibid.* avril et août 1853; sur la Description de l'Égypte de Makrizi, *ibid.* juin 1856; sur l'exploration de l'Euphrate et du Tigre par le lieutenant-colonel Chesney, juin 1851; sur l'expédition au Jourdain et à la mer Morte, par M. W. F. Lynch, septembre 1851 et août 1852.

2° Histoire. Mémoire sur la vie d'Abdallah-ben-Zobaïr, 1832, extrait du *Journal asiatique;* mémoires divers, extraits du même recueil, 1837; Observations géographiques et historiques sur les Kalmouks, *Journal des Savants,* janvier 1839. Ce mémoire est relatif à la horde des Kalmouks qui vint jusqu'en Égypte en l'an 695 de l'hégire; articles nombreux sur l'ancienne histoire de Perse, les Arsacides, les Sassanides, sur les origines de la langue persane, le pehlevi, le parsi, sur le Schah-nameh, *Journal des Savants,* 1838, 1840, 1841, 1842; articles sur les Seldjoucides, sur Tabari, *ibid.* cahier de septembre 1844, et sur Mirkhond, *ibid.* cahiers de mars et de juillet 1843; sur Ibn-Khaldoun, *ibid.* cahier d'avril 1844; articles sur l'histoire des Arabes avant l'islamisme, *ibid.* cahiers d'août 1849, et de mars et juillet 1850; M. Quatremère avait commencé la publication de l'Histoire des rois du Tabarestan; et plusieurs feuilles du texte ont paru; article sur l'Histoire de l'expédition française en Égypte, par Takoula-el-Turk, cahier de février 1842.

3° Littérature. Mémoire sur Meidani et son grand recueil de proverbes, *Journal asiatique,* mars 1828; autre Mémoire sur le même sujet, *ibid.* 1838; Mémoire sur le Kitab-al-Agani, *ibid.* 1837: quelques-unes des chansons arabes y sont traduites; Mémoire sur le goût des livres chez les Orientaux, *ibid.* 1838.

4° Philologie. Article sur le dictionnaire français-arabe-persan et turc du prince Alexandre Handjéri, *Journal des Savants,* janvier 1844; article sur un glossaire des mots français tirés de l'arabe, du persan et du turc, *Journal des Savants,* janvier 1848; articles sur la grammaire persane, *ibid.* novembre 1852, juin et octobre 1855.

Membre de la commission des travaux littéraires à l'Académie des inscriptions, M. Quatremère s'était chargé des historiens arabes et arméniens dans la Collection des Historiens des croisades. Il devait aussi publier, dans les Mémoires de la savante compagnie, les prolégomènes d'Ibn-Khaldoun, dont il n'a pu donner que le texte arabe [1].

On peut voir, par les détails qui précèdent, combien le génie de M. Quatremère eût été propre aux travaux de lexicographie, dans lesquels la mémoire, l'exactitude, l'assiduité, jouent un rôle si utile. Il l'avait lui-même senti ; et, dans son premier ouvrage de 1808, il annonçait un dictionnaire copte déjà fort avancé, et qu'il aurait tiré de tous les manuscrits coptes de la Bibliothèque impériale, dépouillés jusqu'au dernier mot. Durant toute sa carrière, il a élaboré un grand dictionnaire pentaglotte, arabe, persan, turc-oriental, syriaque et copte. Mais la difficulté de faire imprimer ce gigantesque ouvrage l'avait amené à proposer la publication séparée de ces cinq dictionnaires ; et, il y a quelques années il avait fait composer une feuille d'essai d'un dictionnaire

En 1842, M. Quatremère publia une Chrestomathie turque, avec une traduction.

5° Sciences. Articles sur les prolégomènes des tables astronomiques d'Oloug-Beg. *Journal des Savants*, septembre 1847 et juin 1848. Dans ce second article, M. Quatremère a donné la fameuse description de Samarkand par le sultan Baber ; Article sur la jurisprudence musulmane et sur Khalil-ben-Ishak, *idem*, novembre 1849.

On peut citer, après tous ces travaux, deux articles très-curieux sur l'harmonie entre l'Église et la Synagogue, *Journal des Savants*, juin et août 1844.

Cette note, toute longue qu'elle est, n'est certainement pas complète, et il serait possible, sans doute, de noter encore plus d'un travail de M. Quatremère qui n'est point rappelé ici. On a cru devoir y mentionner de simples articles, comme on y mentionne les mémoires et les livres. C'est que les articles de M. Quatremère étaient aussi approfondis que des ouvrages, et qu'il y déposait le fruit de ses recherches antérieures sur les objets traités par les auteurs qu'il critiquait. On peut dire qu'il n'était jamais surpris ; et, quelle que fût la matière dont il devait s'occuper, il avait toujours une masse de matériaux tout disposés ; il ne lui restait qu'à les produire selon l'occasion, et il les produisait sans accorder à la forme une attention très-grande.

[1] M. Quatremère a donné plusieurs feuilles de ses *Historiens des croisades*, avec traduction et notes. Quant aux *Prolégomènes* d'Ibn-Khaldoun, ils ne forment pas moins de 1500 pages in-4° de texte, avec plusieurs feuilles de notes et de traduction, dans les *Notices et extraits des manuscrits de la Bibliothèque impériale*.

arabe-français. Malheureusement il ne fut pas donné suite à cette publication, qui peut-être aurait fait oublier celles de Méninski, de Castel et de Freytag. On a retrouvé dans les papiers de M. Quatremère les éléments de ces dictionnaires sur de petits bulletins; mais une longue révision eût été encore nécessaire, à ce qu'il paraît, avant de les livrer à l'impression. L'auteur avait communiqué une bonne partie de ces documents à M. l'abbé Glaire, son ami, et le confident de ses t avaux pendant plus de trente ans.

On devra trouver aussi, dans les papiers de M. Quatremère, d'immenses travaux sur le règne de Louis XIV. Il se flattait quelquefois, devant ses amis, d'avoir lu tout ce qui était inédit dans nos dépôts publics sur ce grand règne. M. Quatremère ne pensait pas sans doute à en devenir jamais l'historien. Mais, avec les puissantes facultés de travail dont il était doué, il est probable qu'il a découvert une foule de pièces précieuses, que d'autres mains plus heureuses que les siennes pourront mettre à profit.

Cette notice sur M. Quatremère serait trop incomplète, si l'on n'y parlait point de ses qualités morales. Comme M. Quatremère a vécu toujours très-retiré, le monde en général l'a peu connu, et ne l'a peut-être point jugé avec assez de justice et d'impartialité. Cependant M. Quatremère a donné l'exemple, durant sa vie entière, des vertus les plus solides et les plus rares. Dans nos temps de trouble et de mobilité, sa foi politique est restée inviolable comme sa foi religieuse. Il a consacré toutes ses forces à des labeurs qui n'ont pas discontinué un seul jour, et dont l'excès a parfois compromis sa santé [1], surtout dans sa jeunesse. Tout entier à ses études, rien ne lui a été plus étranger que l'esprit d'agitation ou de brigue. Les honneurs littéraires sont venus le

---

[1] Vers l'âge de vingt et un ans, M. Quatremère tomba très-malade par suite d'un travail trop assidu. Sa mère le crut attaqué de la poitrine; les médecins la rassurèrent en ordonnant au jeune homme de s'appliquer moins.

trouver plutôt qu'il ne les a cherchés[1] ; et, s'il en a désiré quelques-uns,
c'est qu'il y regardait plutôt les devoirs qu'ils lui imposaient que les
avantages qu'il en devait retirer. Il se traitait dans ce cas lui-même
comme il aurait pu traiter son prochain ; on l'a vu même parfois mettre
aux intérêts d'autrui une chaleur qu'il n'aurait jamais mise aux siens[2].
Il a eu des amis peu nombreux, il est vrai, mais constants et dévoués,
parce que son commerce était pour eux aussi sûr qu'affectueux[3]. Il
avait conservé toujours pour ses maîtres et pour les amis protecteurs
de son jeune âge la plus sincère et la plus vigilante reconnaissance.
Ses premières et difficiles économies avaient été consacrées à indemniser
le généreux instituteur qui lui avait donné ses soins gratuits durant la
révolution. Pour M. d'Ansse de Villoison, il lui avait montré jusqu'au
dernier moment les prévenances les plus assidues et les plus attentives,
dont le vieillard s'étonnait et était profondément touché de la part d'un
jeune homme. Dans le sein de sa famille, il était aimé au moins autant
que vénéré et admiré. On sera étonné sans doute d'apprendre qu'au
dire unanime des siens, le fond de son caractère était la gaieté ; et, dans
les temps d'épreuves, il contribua beaucoup, par la sérénité de son âme,
appuyée sur une pieuse résignation, à soutenir le courage et les espérances de ceux avec qui il vivait. Dans les petites fêtes de l'intérieur, il
prenait très-franchement sa part de la joie commune ; et il se mêlait

---

[1] C'est ainsi qu'il a été nommé membre de l'Académie d'Upsal et de l'Académie
de Munich ; cette dernière Académie ne voulut point voter pour lui dans les formes
ordinaires, et elle l'élut d'une acclamation unanime. (Voir plus loin page 24.)

[2] Quand, à la mort d'Abel Rémusat, en 1831, on pensa quelques instants à
supprimer la chaire de chinois, M. Quatremère la défendit avec une vivacité qui
lui était peu ordinaire. (Voir aussi sa défense de M. Silvestre de Sacy contre
quelques attaques injustes, *Journal des Savants*, cahier de mars 1847, pages 163
et 179.)

[3] Ses parents ont même remarqué qu'à mesure qu'il avançait en âge il devenait
de plus en plus bienveillant pour eux et pour ses amis. C'est ce qui doit se passer
dans les âmes bien faites ; car c'est comme un pressentiment et un regret du
prochain adieu. On peut citer encore, parmi les longs et vifs attachements de
M. Quatremère, M. Chénedollé, l'auteur du *Génie de l'homme*, un peu plus âgé
que M. Quatremère, et mort en 1833.

sans peine aux jeux de l'enfance, dont il aimait à se voir entouré. Sa conversation très-variée, grâce à ses lectures si diverses et à sa mémoire imperturbable, animait les réunions, en même temps qu'elle instruisait ses jeunes auditeurs[1]. Fidèle aux exemples de son père et de sa mère, comme aux préceptes de la religion, il était très-charitable, et cachait ses aumônes, dont on n'a bien connu l'étendue qu'après sa mort.

Qu'a-t-il manqué à M. Quatremère pour que ses qualités excellentes et ses vertus fussent appréciées au dehors comme elles l'étaient autour de lui? Peut-être n'a-t-il point cultivé la société dans la mesure où il convient de le faire, non pas seulement pour les autres, mais pour soi. Il est permis d'aimer passionnément les livres, surtout quand on en tire tant de trésors; mais il n'est pas bon de ne communiquer qu'avec eux. C'est surtout avec ses semblables que l'on vit; et, quand on sait prendre leur commerce comme il doit être pris, on peut leur donner beaucoup, sans rien retrancher au devoir, et même à la règle la plus rigoureuse. Il ne faut point porter dans les relations du monde l'âpreté que l'on met aux labeurs solitaires du cabinet; les habitudes y sont autres, et l'on doit avoir assez de souplesse et de sociabilité pour contracter ces habitudes, qui, après tout, n'ont rien de bien pénible. Il faut, dans les rapports du dehors, une facilité d'humeur qui est aussi un devoir, parce que, sans elle, la vie commune n'est point possible. Ce ne sont pas même des concessions qu'on a mutuellement à se faire; c'est un certain abandon de bienveillance sympathique, que les hommes se doivent entre eux. M. Quatremère avait certainement tous ces sentiments dans le cœur; mais il ne les montrait point assez, et il ne s'était pas donné suffisamment la peine de les exercer en lui.

Cette lacune, la seule peut-être qu'on pût regretter dans une nature

---

[1] Dans les fêtes de la famille, il composait souvent des chansons fort plaisantes. Dès l'âge de quatorze ans, il avait fait des vers; il lisait beaucoup les poëtes, et on peut voir dans ses articles les plus sérieux des citations très-fréquentes et très-bien choisies de vers français.

aussi estimable et aussi digne, a voilé bien des qualités qu'autrement on aurait prisées davantage. Mais ce défaut tenait, sans doute, dans M. Quatremère, aux premières années de son existence si rudement éprouvées, à l'influence d'un travail incessant, qui ne laissait point même de place au repos indispensable, et peut-être aussi à l'influence secrète de la race[1]; il n'était pas le seul, dans sa famille, à ce qu'il paraît, qui aimât démesurément la solitude. Pour lui, elle s'accroissait encore par le célibat, qu'il a gardé, bien qu'il eût songé au mariage.

On ne signalerait point ici de telles particularités de caractère, si elles n'avaient eu des conséquences scientifiques. Nous sommes persuadé que, si M. Quatremère avait tenu davantage au monde, il se serait efforcé aussi, pour lui plaire, de donner à ses écrits une forme plus achevée et plus acceptable. L'érudition peut toujours avoir une élégance qui lui est propre, et qui résulte surtout de l'heureuse disposition des matières et des idées. Ce soin doit être de règle, non point en vue du succès, qu'on peut très-bien dédaigner, mais en vue du résultat qu'on veut toujours atteindre, même quand on s'adresse au public le plus restreint et le plus instruit. On ne doit jamais oublier, du moment qu'on écrit, l'excellent précepte de La Bruyère : « Quand le phi- « losophe donne quelque tour à ses pensées, c'est moins par une vanité « d'auteur que pour mettre une vérité qu'il a trouvée dans tout le jour « nécessaire pour faire l'impression qui doit servir à son dessein. » Il est d'autant plus regrettable que M. Quatremère n'ait pas songé à prendre cette peine, qu'elle lui eût été très-facile, et la forte culture littéraire de son esprit l'y aurait beaucoup aidé.

Une autre conséquence plus grave peut-être, c'est la manière dont M. Quatremère a compris et pratiqué la critique. Rien n'était plus loin de son intention que de blesser ceux dont il examinait les livres. Il a répété souvent, et avec une pleine sincérité, qu'il n'agissait que « dans

---

[1] L'illustre M. Quatremère de Quincy, dont M. Étienne Quatremère était le cousin, avait l'habitude de s'isoler encore bien plus que lui; et sa famille même, quoiqu'il fût très-bon pour elle, ne l'abordait pas sans difficulté.

« le seul intérêt de la vérité et sans aucun esprit de système[1]. » C'était parfaitement vrai, et il ne voulait que soumettre aux savants auteurs dont il s'occupait des remarques utiles. Mais, quand on signale aux gens leurs erreurs, ou ce qu'on croit leurs erreurs, il faut apporter dans ces avis délicats, donnés en face du public, les plus grands ménagements. Avec quelque autorité que l'on parle, il faut bien peser toutes les expressions et toutes les nuances. Autrement, on suscite les aigres discussions de la polémique, qui servent très-rarement le progrès réel de la science, et qui peuvent compromettre la dignité des caractères. Mais, quand on connaît bien les hommes pour avoir vécu avec eux, et que l'on comprend leurs susceptibilités, d'ailleurs très-naturelles, on a des formes plus indulgentes. Sans rien enlever aux droits de la critique, on rend ces droits plus forts en ne les appliquant qu'avec bienveillance et circonspection.

Mais ces taches, qui ont pu choquer quelques contemporains, disparaîtront pour la postérité. Elle ne connaîtra de M. Quatremère que ses immenses et consciencieux labeurs. Il laissera, comme on l'a dit[2], une trace immortelle. Il n'a travaillé presque jamais que sur l'inédit; et, dans les sujets qu'il a traités, ses investigations sont des documents de première main, et des sources abondantes et sûres.

M. Quatremère est mort le 18 septembre 1857. Selon son habitude, dès six heures du matin, il avait donné ses ordres à la fidèle domestique qui le soignait depuis trente ans; vers sept heures, il allait se lever lorsqu'il fut atteint d'une apoplexie foudroyante. On ne s'aperçut de la catastrophe qu'une ou deux heures plus tard; et il est certain que le secours, fût-il venu sur-le-champ, n'eût pas été plus efficace. La santé de M. Quatremère causait depuis quelque temps d'assez graves inquiétudes à ses amis. Le médecin lui avait donné les plus sérieux avertisse-

---

[1] Voir le *Journal des Savants*, cahier de juillet 1845, page 422, et cahier de décembre 1846, page 475.

[2] Voir l'article de M. Ernest Renan, membre de l'Institut, dans le *Journal des Débats* du 20 octobre 1857.

ments, dont il n'avait pas cru devoir tenir compte. Comme, en général,
M. Quatremère s'occupait fort peu de lui-même, il négligea cet avis,
comme il en avait négligé tant d'autres. Mais la mort, quelque rapide
qu'elle ait été, ne l'a pas surpris; et des âmes telles que la sienne sont
toujours prêtes à paraître devant Dieu. Lorsqu'on entra dans sa chambre;
on le trouva, le calme peint sur tous les traits, et les yeux tournés vers
son crucifix, qui avait eu certainement sa dernière pensée.

M. Quatremère laisse une bibliothèque considérable et parfaitement
composée, de plus de 40,000 volumes imprimés et de plusieurs cen-
taines de manuscrits. C'est encore un service qu'il aura rendu à la
science. Il laisse aussi une foule de travaux inédits, dont quelques-uns,
comme le très-important chapitre du Palmier, de l'*Agriculture nabatéenne*, étaient tout prêts pour l'impression; et dont quelques autres,
consignés sur des bulletins, en nombre considérable, exigeraient une
révision attentive. Le public est en droit d'attendre que ces travaux
lui seront communiqués quelque jour par les soins pieux des amis et
des élèves de M. Quatremère.

M. Quatremère n'avait pas voulu qu'on prononçât de discours sur
sa tombe; et l'Institut a dû se taire par respect pour cette volonté su-
prême. Mais le *Journal des Savants* n'était point tenu au même silence,
et nous nous sommes fait un devoir de rendre hommage à la mémoire
de notre regretté confrère.

BARTHÉLEMY SAINT-HILAIRE.

NOTE I.

Depuis que cette notice a paru (novembre 1857), la bibliothèque de M. Quatremère a été acquise par S. M. le roi de Bavière; et voici l'article qu'ont publié
plusieurs journaux allemands, entre autres la *Gazette universelle d'Augsbourg* :

« Les négociations qu'a suivies personnellement M. le docteur Halm, directeur
« de la Bibliothèque de la Cour et de l'État à Munich, pour l'acquisition de la

« bibliothèque de M. Étienne Quatremère, l'illustre orientaliste, ont été couronnées
« de succès; et cette magnifique collection appartient maintenant au Gouvernement
« bavarois. Composée de 45,000 volumes, dont 1200 manuscrits, elle surpasse
« d'un tiers à peu près la fameuse bibliothèque de M. Silvestre de Sacy; et, par son
« mérite intrinsèque, elle y est complétement égale. Outre les livres qui sont relatifs
« à l'Orient, à la philologie, à la littérature biblique, aux voyages, un des orne-
« ments particuliers de cette bibliothèque, ce sont les livres les plus rares imprimés
« en Espagne et en Portugal. La partie de la littérature française, qui offre les
« spécimens les plus remarquables de l'art de la typographie et de l'art de la reliure,
« est estimée à elle seule 80,000 francs. Avec la bibliothèque, on a également
« acquis tout ce que laisse M. Quatremère en travaux manuscrits, et spécialement
« ses manuscrits lexicographiques sur les langues arabe, persane, turque (turque
« orientale), syriaque et copte. En ordonnant l'acquisition de ces précieux matériaux,
« le roi de Bavière a rendu un nouveau et éminent service à la science, et le pu-
« blic ne manquera pas d'apprécier ce bienfait, qui donnera parmi nous à l'étude
« des langues orientales toutes les ressources dont elles peuvent avoir besoin. »

D'après de nouveaux renseignements qui nous sont transmis, et que nous avons
tout lieu de croire parfaitement exacts, la Bibliothèque royale de Munich a déjà
commencé à faire usage des manuscrits de M. É. Quatremère. Dans l'état incomplet où une mort subite a forcé l'auteur de les laisser, on ne pouvait songer à une
publication immédiate. Le seul parti qu'il y eût à prendre était de communiquer
ces riches matériaux aux savants qui s'occupent des mêmes études, et c'est ce qu'a
fait la Bibliothèque de Munich avec la plus louable générosité. C'est ainsi que les
notes pour une dissertation sur l'*Agriculture des Nabatéens* ont été envoyées, par
l'intermédiaire de M. Fleischer, de Leipzig, à M. Chwolsohn, l'illustre auteur de
l'ouvrage sur les Sabéens, à Saint-Pétersbourg; que les matériaux pour le lexique
de la langue turque orientale, ont été remis à M. le docteur Zenker, l'éditeur de
la *Bibliotheca orientalis*, qui prépare un dictionnaire de turc oriental; et que les
matériaux sur le syriaque ont été confiés à M. Payne Smith, à Oxford, bibliothé-
caire de la Bodléienne, bien connu par la publication de textes syriaques inédits.
MM. Zenker et Payne Smith paraissent très-satisfaits des communications qu'ils
ont reçues, et ils espèrent en tirer grand parti pour leurs propres travaux, où ils
ne manqueront pas de rendre toute justice à ceux de M. É. Quatremère. Quant aux
documents sur le copte, la Bibliothèque royale de Munich ne semble pas encore
avoir pu prendre une résolution. Enfin, pour la publication des collections arabes
et persanes, qui sont les plus riches de toutes, elle a l'intention de s'entendre et de
s'associer avec la Société asiatique allemande de Leipzig; un dictionnaire arabe est
regardé aujourd'hui comme le besoin le plus urgent de la littérature orientale.

Ainsi les matériaux accumulés par M. É. Quatremère seront employés de la
manière la plus utile, et le monde savant ne les aura pas perdus.

En juin 1860, toute la correspondance scientifique de M. É. Quatremère a été
remise par sa famille à M. le docteur Charles Halm, directeur de la Bibliothèque
royale de Munich.

NOTE II.

Voici la lettre que l'Académie royale de Munich fit écrire à M. É. Quatremère :

A M. É. QUATREMÈRE, MEMBRE DE L'INSTITUT DE FRANCE, ETC. ETC.

« Monsieur,

« C'est avec une grande satisfaction que je saisis l'occasion de l'envoi de votre
« diplôme pour adresser quelques lignes au savant distingué dont les écrits ont ré-
« pandu une si vive lumière sur des problèmes et des sujets presque innombrables
« de littérature orientale.

« Je sais bien, monsieur, que notre Académie, en vous recevant si tard dans son
« sein, a plutôt besoin de s'excuser devant une illustration telle que la vôtre. N'est-il
« pas surprenant que votre nom, célèbre depuis si longtemps parmi les plus célèbres,
« manquât dans les rangs de l'Académie de Munich? Veuillez croire, monsieur,
« que ce n'était pas l'effet d'un oubli, même involontaire. Pour dire le vrai, on vous
« supposait toujours membre de notre Académie.

« L'année passée, ayant été nommé secrétaire de la classe de philologie, je par-
« courus nos registres, et je restai interdit de ne pas y trouver votre nom. Je me
« hâtai donc, à l'occasion des élections annuelles, de vous proposer à la classe, et
« celle-ci, vu les circonstances extraordinaires, a résolu de se passer du ballottage
« (mode d'élection usité chez nous), et elle a reçu avec une acclamation générale la
« proposition de son secrétaire. Plus tard, l'Académie entière, en séance plénière
« de ses trois classes, a confirmé de la même manière ce jugement de la classe phi-
« lologique. L'Académie a voulu faire voir, par cette forme solennelle, son regret
« d'être restée privée si longtemps de l'honneur de vous posséder au nombre de ses
« associés.

« En vérité, monsieur, ce n'est pas pour vous honorer, c'est plutôt pour s'honorer
« elle-même que l'Académie vous a élu, jalouse qu'elle est de compter parmi ses
« membres les plus grandes illustrations de notre époque en fait de science et de
« littérature.

« Je suis heureux, monsieur, d'être, dans cette occasion, l'interprète des senti-
« ments de notre académie, et je vous prie d'agréer l'expression de ma haute consi-
« dération et de ma profonde gratitude pour l'abondante instruction que j'ai recueillie
« personnellement dans les mines inépuisables de vos écrits. »

Munich, le 29 janvier 1854.

Votre tout dévoué serviteur,

M. J. MULLER,

Secrétaire de la classe philologique et philosophique
de l'Académie royale des sciences.